Extrait du Bulletin de la Société de Géographie et d'Archéologie d'Oran
Tome II. — Fascicule XCVII — Octobre à décembre 1903

NOTICES
BIBLIOGRAPHIQUES

Par Ch. RENÉ-LECLERC
DIPLÔMÉ D'ARABE ET DE BERBÈRE
Licencié ès-lettres

ORAN
Imprimerie Typographique et Lithographique L. FOUQUE
Rue Thuillier, 4 (Place Kléber)

1904

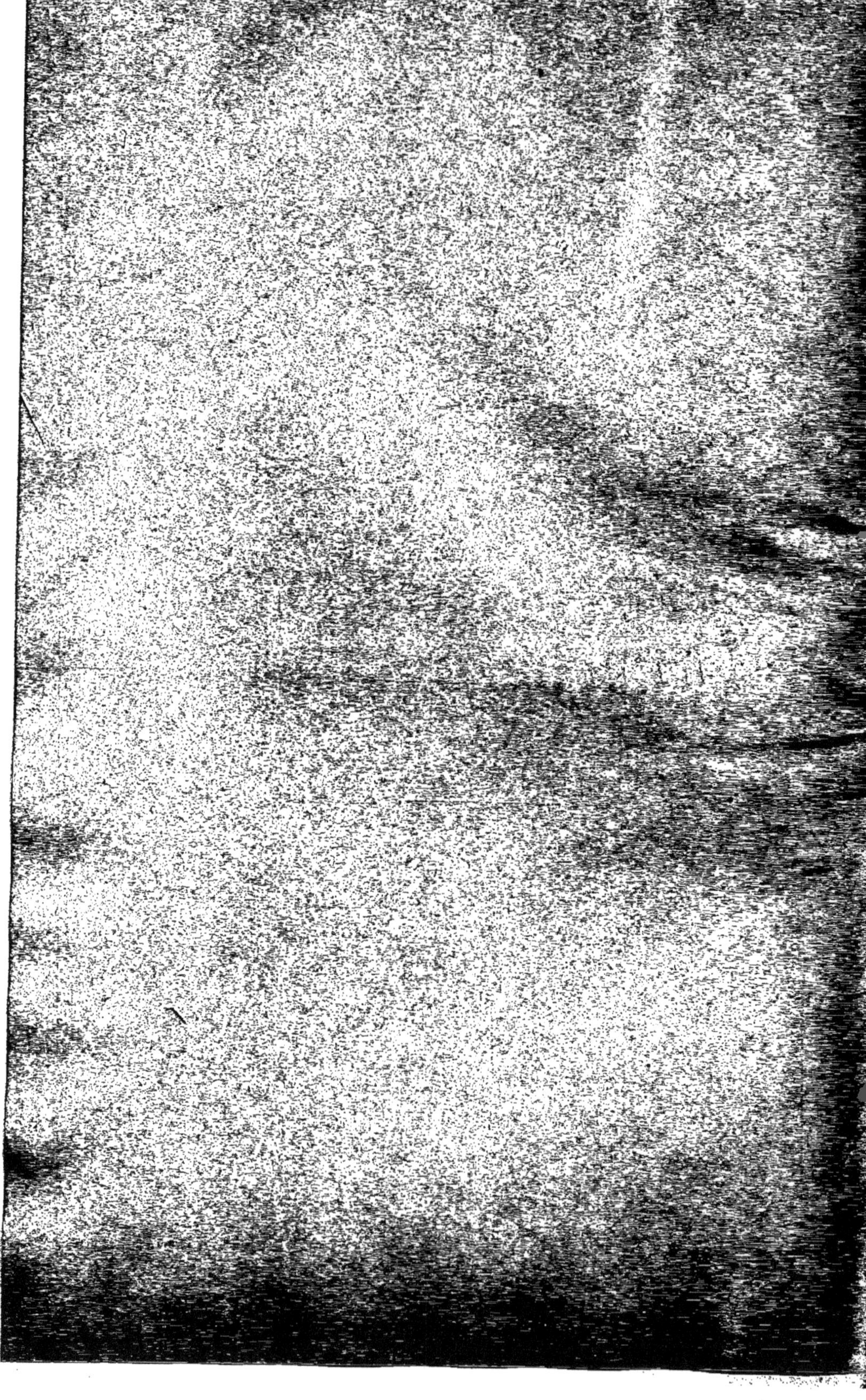

Extrait du *Bulletin de la Société de Géographie et d'Archéologie d'Oran*
Tome XXIII. — Fascicule XCVII. — Octobre à décembre 1903

NOTICES BIBLIOGRAPHIQUES

Par Ch. RENÉ-LECLERC

DIPLÔMÉ D'ARABE ET DE BERBÈRE
Licencié ès-lettres

ORAN
Imprimerie Typographique et Lithographique L. FOUQUE
Rue Thuillier, 4 (Place Kléber)

1904

NOTICES BIBLIOGRAPHIQUES

Littérature arabe, de M. Cl. HUART

La librairie Armand Colin à Paris vient de publier avec luxe un ouvrage qui, depuis de longues années, était nécessaire en France. Il s'agit de la *Littérature Arabe* de M. Cl. Huart (in-8, XIV-470 pages). A l'imitation de ce qui a déjà été fait pour un grand nombre de Littératures nationales, notamment pour la *Littérature Française* de M. Lanson, l'auteur a donné à son livre la forme d'un manuel accessible à tous, fort intéressant à lire pour les profanes et excellent résumé pour ceux qui sont déjà familiarisés avec les études arabes. L'Angleterre, la Russie, l'Italie et surtout l'Allemagne, nous avaient devancés depuis longtemps et possédaient déjà sur la littérature arabe des manuels d'inégale valeur. En tant que puissance musulmane, sinon comme foyer intellectuel, la France devrait avoir depuis longtemps sur cette question des ouvrages techniques et des abrégés destinés à la vulgarisation. Peut-être M. Cl. Huart aurait-il pu, songeant d'abord aux spécialistes, publier en quelques tomes, une œuvre savamment annotée sur les manifestations littéraires des Arabes, quitte à condenser ensuite, pour le gros public, les parties les plus intéressantes de son étude. Il a préféré contenter tout le monde à la fois, jugeant sans doute qu'on avait déjà trop attendu.

Certes, ce livre n'apprend rien de nouveau à ceux qui se sont occupés d'un pareil sujet et ont puisé de nombreux détails sur les écrivains arabes dans les œuvres de Brockelmann et de Hammer-Purgstall. Mais tout le monde ne lit pas l'allemand, et il y a en Algérie et en Tunisie des personnes très fortes en langue arabe, qui, n'ayant point voulu s'astreindre à l'étude de l'idiome germanique, restaient étrangères au mouvement littéraire arabe. Quant au public ordinaire, inutile de dire qu'il ignorait même le nom des deux auteurs que je viens de citer. M. Cl. Huart n'est pas un inconnu. Il a déjà rendu de grands services au Gouvernement comme secrétaire interprète ; il professe à l'école des langues orientales et a attiré l'attention par ses publications sur différentes études islamiques.

Le plan de sa Littérature arabe est naturellement conçu dans l'ordre chronologique. Il comprend douze sections ou chapitres qui forment chacun une étude à part et bien délimitée. L'auteur ne pouvait moins faire au début que de décrire le cadre où avaient pris naissance, bien avant le Coran, les premières manifestations du génie arabe, manifestations poétiques, ainsi que chez tous les peuples primitifs.

Et certainement, outre le caractère propre de la race sémitique à laquelle appartiennent les Arabes, il faut tenir compte de la géographie des lieux où ils vivaient, du climat, de leur existence nomade à travers les sables, enfin de tous ces éléments combinés au milieu desquels s'agitait constamment un peuple encore embryonnaire. Les aventures que des tribus hellènes étaient allées tenter sur les côtes d'Asie Mineure ; voilà ce qui avait donné naissance à l'épopée homérique ; les périgrinations des familles arabes à travers le désert, la marche lente des caravanes, la lutte pour la vie entre ces tribus nomades : voilà d'où devait naître la poésie anté-islamique.

La première forme revêtue par ces bégaiements poétiques fut celle de la satire ; c'est avec les « paroles qui blessent » que furent composées les premiers essais poétiques des Arabes. Mais ce n'était là qu'une sorte de prose rimée. La véritable poésie, esclave d'une métrique rigoureuse, n'a été à sa perfection qu'à partir des sept fameuses *Moàllakat* dont on trouve le nom dans n'importe quel sommaire sur l'histoire de l'Islamisme. Les « suspendues » (traduction de ce nom barbare) indiquent par leur qualification la place d'honneur qu'elles occupent dans le Parnasse arabe.

Et tandis que les païens de la péninsule arabique composaient ainsi de véritables chefs-d'œuvres, certains de leurs congénères, juifs ou chrétiens, se distinguaient également par des œuvres remplies de verve. En même temps, apparaissaient les premières productions en prose qui, moins favorisées que les poésies, ne sont point parvenues jusqu'à nous.

Le génie littéraire arabe avait à peine eu le temps de dire ses premiers mots, il s'ébauchait encore quand un événement considérable vint limiter son développement, comme il fixait à la langue une syntaxe immuable : j'ai nommé la rédaction du Coran. La venue de Mohamet qui allait amener de si grands troubles dans l'histoire de l'Orient et de l'Occident, se refléta dans un livre qui devait être entre les mains des musulmans un instrument aussi puissant que l'avait été la Bible pour les chrétiens. Ce livre n'est au fond que la réunion des lambeaux de phrases recueillisde la bouche du Prophète par ses disciples et colligés après sa mort. Quoique inspiré du Saint-Esprit et de l'archange Gabriel, le style du Coran se ressent des différentes époques pendant lesquelles Mahomet a improvisé, tout comme le style des simples mortels.

La première dynastie des Kalifes, celle des Oméyades, ne fut pas très féconde en productions littéraires. Les Arabes occupés à conquérir le monde n'avaient guère le temps de songer aux Belles-Lettres. Il y eut cependant des auteurs de mérite qui eurent leur heure de renommée.

Après une maladroite imitation des *qacida*, c'est-à-dire des vieilles odes bédouines, vinrent les poésies amoureuses d'*Omar ben Ali Rabiâ* qui chanta ses propres aventures. Il convient aussi de signaler le poète de cour, chantre des princes Oméyades, *El Akhtal*, et les rivalités fameuses de *Djérir* et *Férazdak* dans cette même cour où le souverain trouvait dans les joutes de l'esprit quelque repos à ses guerres contre la chrétienté. À cette même époque, c'est-à-dire au commencement du VIIIe siècle de notre ère, les Persans se mettaient déjà à composer en langue arabe, tandis que deux femmes poètes se signalaient par leur talent : *Leïla el Akhylya* avec ses élégies funèbres, *El Khansa* avec ses épigrammes. Il faut aussi mentionner les poètes chrétiens du désert, les compositions bachiques du kalife *Oualid* et les aventures du célèbre *Acha Hamdan* qui abandonna l'étude du droit pour la poésie, précédant dans cette façon d'agir quelques uns de nos plus grands poètes du XVIIe siècle (sans comparaison d'ailleurs).

Enfin, c'est encore sous le règne de cette dynastie que l'on voit poindre l'histoire et qu'apparaissent, dans ce genre, les premiers ouvrages en prose.

L'avènement des Abbassides qui marqua la revanche des Persans contre les Arabes d'origine, la création de Bagdad comme capitale de cette nouvelle dynastie, l'influence de l'esprit aryen sur le développement oriental qui va civiliser l'occident, donnent un essor nouveau à la littérature arabe. Celle-ci, comme la civilisation, atteint son apogée. Elle éclot de tous les points de l'empire musulman, depuis la Perse jusqu'au nord de l'Espagne et elle inonde comme d'un rayon de soleil cet immense arc de cercle que décrivent les rives africaines et ibériques de la Méditerranée. C'est une poussée de sève qui vivifie tous les genres et étonne l'Occident qui se réveille de sa barbarie. Une poésie toute nouvelle se forme, dégagée de la servile imitation des vieilles *qacida*. Les poètes de talent se succèdent.

Tour à tour, le syrien *Monti ben Ayas* avec ses libertés de langage, le nègre abyssin *Abou Dolama* avec ses bouffonneries, le Persan aveugle né et libre-penseur *Bachchar ben Bourd*, jetèrent leur éclat à la cour d'Orient. Mais le plus célèbre de cette pléïade qui brillait à la fin du VIIIe siècle était encore *Abou-Nowas*, poète bachique et facétieux. A la même époque, on citait aussi *Msalini*, surnommé « la Victime des Belles », et le moraliste *Aboul Atahya*.

Un peu plus tard, sous le règne du fameux kalife *El Moutawakil*, protecteur des artistes et amateur de jeux d'esprit, la musique et la poésie tinrent une grande place à la cour. C'est alors que la poëtesse *Fadl* et la chanteuse *Mahbouba* acquirent une véritable renommée. Puis on vit encore défiler dans ce palais de nombreux poètes, parmi lesquels *Ibn el Ntâtazy*, ce fils de roi, khalife lui-même pendant un jour et le commissaire de police *Ibn el Hadjadj*, qui vivait à la fin du Xe siècle.

Dans les provinces, le genre poétique prenait également son essor, avec plus ou moins de succès. A Alep, la dynastie des *Hamdanides* avait créé dans cette ville un mouvement littéraire des plus importants. Là s'illustra surtout *Motanabbi*, ce fils de porteur d'eau qui s'était cru prophète dans sa jeunesse. Il eut un immense succès au milieu du Xe siècle. Aujourd'hui encore, il est très goûté dans le monde arabe. Jamais poète ne fut plus applaudi ni plus critiqué. Au XIIe siècle, le persan *Toghraï*, à la fois savant et homme d'État, se fit remarquer par ses élégies. En Syrie, un philosophe, *El Mârri*, se signalait comme le dernier des grands poètes arabes.

Pendant toute cette période, c'est la Perse qui fournit le plus fort contingent de poètes composant en langue arabe. Le berceau de la poésie, l'Arabie, n'était plus ce qu'elle avait été naguère et son flambeau menaçait de s'éteindre. En Egypte, en Syrie et en Sicile, les auteurs de talent prenaient leur place au soleil. Quant à l'Espagne, les vainqueurs musulmans y cultivaient la poésie dès les premiers temps de l'occupation. Nombreux furent les artistes lyriques : parmi eux, il faut citer *Ibn Guzman*, le troubadour ambulant et le juif de Séville *Ibn Sahl*.

La prose rimée, qui, depuis le Coran avait perdu sa vogue, fut de nouveau très goûtée et plusieurs écrivains y excellèrent. Parmi eux, il convient surtout de signaler le célèbre *Hariri*, de Bassora, dont les « séances » sont restées le chef-d'œuvre du genre. Cet ouvrage a été publié et commenté de façon magistrale par notre grand orientaliste, Sylvestre de Sacy.

A côté du langage rythmé et de la versification, d'autres branches littéraires trouvaient des adeptes remplis de zèle et d'érudition. La nécessité, pour les peuples nouvellement sou-

mis, de connaître toutes les subtilités de la langue arabe,
fit surgir une légion de grammairiens.

Cette étude de la grammaire, sortie de l'exégèse du Coran,
fut pratiquée dans deux grandes écoles du bassin du Tigre et
de l'Euphrate, *Bassora* et *Koufa*. Le savant *Khalil* fit paraître
son dictionnaire de linguistique et son traité de métrique, et,
un peu plus tard, son élève *Sibouyé* publiait ce fameux *Kitab*
qui est resté la grande autorité à laquelle on aime à remonter.
N'oublions pas le *Kamil* ou traité complet de grammaire
d'*El Mebarrad*, dont la famille forma toute une dynastie de
philologues. Après lui *El Kisaï* se distingua par sa manière
particulière de lire le Coran et comme précepteur des fils
d'*Haroun-er-Rachid*. Bientôt à Bagdad se fonda l'Université
dite *Nizhamya* qui fit souche de nouveaux grammairiens,
tandis que, dans les provinces, des philologues de mérite
eurent leur heure de célébrité. Mais on ne saurait tous les
citer.

D'autre part, les traductions des « Livres des Rois » qui,
de bonne heure, avaient été faites en arabe par des Persans,
donnèrent une grande impulsion aux études historiques. De
nombreux écrivains s'adonnèrent à l'étude de la chronologie,
de l'histoire, des traditions, voire même des fables et des anecdotes.

A la fin du VIIIe siècle, *Ibn Ish'ak* traduisit une biographie
de Mahomet. Successivement, *El Ouakidi*, *Bel Adhori*, *Tabari*,
s'illustrèrent, et surtout *Maçoudi*, que M. Barbier de Meynard
a rendu célèbre par la traduction de ses « Prairies d'Or »,
énorme recueil d'innombrables anecdotes. A la fin du Xe
siècle paraissait le « Livre des chansons », d'*Aboul Ferradj*
d'Ispahan. A la même époque, un auteur peu connu livrait au
public un ouvrage unique en son genre, le *Fihrist* (Index),
véritable traité bibliographique, comme les Européens n'en
devaient rédiger que beaucoup plus tard. Nombreux furent
les biographes de *Saladin* qui donnèrent l'exemple de ces
monographies n'embrassant qu'un seul règne. Plus tard, au
XIIIe siècle, *Ibn Khallikan* publiait son « Dictionnaire de
Biographie », rendu fameux par la traduction en anglais qu'en
a faite M. de Slane. Citons encore *Kémaleddin*, l'historien
d'Alep, *Ibn el Athir* et son « Histoire Universelle », *Aboul
Faradj*, connu également sous son nom syrien latinisé de
Bar Hebræus, fils d'un médecin juif qui s'était fait baptiser.
N'oublions pas la traduction arabe des fables indiennes et
persanes de *Kalila* et *Dimna* et les auteurs d'anthologies ou
compilateurs d'historiettes.

A côté des glossateurs et des grammairiens, les jurisconsulles moins en vue et plus modestes travaillaient à la constitution d'un droit musulman, d'une législation qu'un aussi grand empire ne pouvait trouver dans le Coran, si varié que soit le contenu de ce livre. C'est alors que se créa la science du hadith qui consistait à rechercher et à réunir toutes les paroles que le Prophète était censé avoir dites et qui s'étaient transmises de bouche en bouche. Au IXᵉ siècle, *Bokhari* réussit à colliger près de six cent mille traditions de cette nature. Un autre juriste, *Moslim*, en fit autant. Leurs deux ouvrages sont devenus les deux livres canoniques de l'Islamisme. On peut les considérer comme un résumé de la « Science des traditions » au IIIᵉ siècle de l'hégire. Après eux, on codifia les *Sonan* ou coutumes d'un intérêt purement législatif. Enfin, dès le Xᵉ siècle, les auteurs s'occupèrent de la critique des autorités du hadith. Cet océan de faits et de commentaires permettait aux jurisconsultes de faire un choix logique et une classification parmi cet amas de renseignements accumulés. Ce fut l'œuvre de la jurisprudence. Avec elle, naquirent les différentes écoles d'interprétation, parmi lesquelles quatre orthodoxes : les Hanéfites, les Malékites (Afrique du Nord), les Chaféites et les Hambalites. D'autres sectes moins importantes, comme les Zhâhiristes et les Chiites, se développèrent également. Quant aux auteurs de traités de jurisprudence, ils sont innombrables.

Par suite des recherches occasionnées par l'étude du droit, le Coran fut de plus en plus approfondi par les glossateurs dont le célèbre *Bidaouï* a résumé et condensé les travaux à la fin du XIIIᵉ siècle. De plus, le Coran avait besoin de défenseurs contre les attaques des théologiens juifs et chrétiens. De là, naquit la théologie dogmatique. Ces questions religieuses passionnèrent une quantité inouïe de musulmans de toutes sectes et de tout ordre. Parmi eux, il faut surtout signaler les Mystiques, ces ancêtres des saints de l'Islam, ces fondateurs de confréries religieuses dont les adeptes couvrent le monde islamique. Non contents de recruter des ascètes par leurs paroles enfiévrées, ils composaient dans leurs retraites de volumineux manuscrits sur l'ensemble des devoirs de l'homme envers Dieu.

Le mouvement scientifique des belles époques de la civilisation arabe donna également naissance à une littérature qui fut entre l'Orient et l'Occident un intermédiaire précieux.

C'est, en effet, par les traductions arabes que les savants d'Europe connurent d'abord les chefs d'œuvre des érudits de l'antiquité grecque : philosophie, mathématiques, astronomie, astrologie, médecine, tout cela fut inspiré par les manuscrits grecs (traduits en syrien) aux Arabes qui abordèrent avec ardeur ces différentes études et développèrent certaines d'en-

tre elles d'une façon remarquable. La géographie fut aussi
une des branches les plus cultivées et non des moins utiles,
car, de nos jours, elle nous permet de connaître assez exactement la situation des différents Etats au Moyen-âge. Dès le
XIIe siècle, des compilateurs ingénieux composèrent d'utiles
encyclopédies qui résumaient les différentes sciences alors
connues et facilitaient la rapidité des recherches.

Entre l'époque de la prise de Bagdad et la fin du XVIIIe
siècle s'est écoulée une période d'environ 500 ans que M. Huart
a désigné sous la rubrique caractéristique de « Déclin des
Lettres ». Malgré cette qualification un peu sévère, le monde
littéraire arabe a mis au jour, pendant cette période, des œuvres de grand mérite dont certaines sont encore très prisées
parmi les musulmans. La poésie ne fit peut-être pas de grands
progrès, mais l'histoire eut des écrivains célèbres, comme
Aboul Féda si étudié par les érudits de l'Europe moderne,
En Nowaïri, l'historien de la Sicile, le fameux *Sidi Khelil*,
auteur d'un précis de jurisprudence malékite.

Mais celui qui doit surtout attirer notre attention, c'est le
grand chroniqueur berbère du XIVe siècle, *Ibn Khaldoun*,
dont la vie offre des épisodes si intéressantes et dont l'œuvre
immense, résumée dans les « Prolégomènes », constitue toute
une philosophie de l'histoire musulmane, telle que pouvait la
concevoir un magistrat et un homme d'Etat à la fin du XIVe
siècle. Après lui, *Makrizi*, avec ses annales de l'Egypte, et
Tagri-Birdi mirent en lumière les différents événements qui
avaient illustré la vallée du Nil depuis son islamisation.

Ce fut aussi l'Egyptien *Soyouti* qui, par ses travaux ency-
clopédiques, incarna la science musulmane au XVe siècle,
tandis qu'un siècle et demi plus tard, à l'autre extrémité de
l'Afrique du Nord, l'historien *El Maqqari* devenait célèbre à
Tlemcen. En même temps s'illustrait en Turquie *Hadji-Khalfa*.

La philologie et les questions grammaticales attiraient un
grand nombre d'étudiants qui se consacraient à ces recherches
ingrates. Tous les pays islamisés, d'ailleurs, fournissaient leur
contingent d'auteurs dans les branches les plus variées de
l'activité intellectuelle.

En Afrique, outre l'Egypte et le Maghreb, le Soudan islamisé
dès le XIVe siècle eut des professeurs célèbres qui commen-
taient le Livre Saint et rédigeaient la chronique du pays.

Avec l'imprimerie, l'instruction se répandit dans les diverses classes de la population : cela donna naissance à un certain nombre d'anthologies et de livres populaires très prisés
des lecteurs du commun. Alors parurent les fameux contes
anonymes des *Mille et Une Nuits* qui, après avoir fait les délices

de plusieurs générations de musulmans, se répandirent en Europe dès le début du XVIIIe siècle, grâce à la traduction de Galland. A côté de ces contes prosaïques et populaires, le grand roman de chevalerie, dit *Roman d'Antar*, avait aussi un succès retentissant avec ses aventures de cap et d'épée qui rappellent un peu le genre d'Alexandre Dumas père.

Un roman non moins célèbre, c'est celui des *Beni Hilal*, horde arabe qui envahit le Maghreb au XIe siècle. Il y a là toute une série de légendes qui offrent ample matière aux chanteurs indigènes. Enfin, les Arabes ont aussi leurs fables, celles de *Lokman*, imitées d'Esope le Phrygien.

A partir du XIXe siècle, l'évolution de la Littérature arabe ne peut être bien définie et de nos jours encore on ne peut exactement prévoir quelle est sa destinée au milieu des progrès modernes et de l'envahissement du monde par l'Europe civilisée. L'Islamisme est vivace, et pour longtemps encore. Mais qui peut prévoir l'avenir réservé à la langue du Coran ? On doit reconnaître, à vrai dire, qu'elle s'est modernisée, et cela par la création de journaux et de périodiques dans les différents pays musulmans. C'est surtout dans la presse musulmane que l'activité de certains auteurs arabes de talent se donne libre cours. En Egypte et en Asie, c'est là certainement la partie la plus vivante de la littérature arabe contemporaine. Le journalisme seul peut d'ailleurs simplifier et clarifier la langue encore toute encombrée de ses formules et de ses phrases moyen-âgesques. En contact permanent avec le modernisme des langues européennes, il peut imprimer à la littérature arabe une évolution nécessaire et lui assurer une longue et belle carrière.

Tout cela, M. Cl. Huart l'a exposé d'une façon très intéressante dans son ouvrage. Il a eu l'habileté de combler une lacune en même temps qu'il assurait au public une lecture attrayante et instructive.

*
* *

La Langue Arabe à l'Ecole Primaire

Le *Temps* analysait dernièrement un remarquable rapport sur l'étude de l'arabe, qui lui avait été adressé par la *Dépêche Tunisienne,* son correspondant de la Régence.

Ce rapport qui a paru in-extenso dans la *Revue de l'Institut de Carthage,* a pour auteur M. Machuel, directeur de l'enseignement public en Tunisie, et comme l'on sait, distingué arabisant, dont les appréciations en la matière font autorité. Ce travail, tout en s'occupant de la place que doit occuper la langue arabe dans les programmes de l'enseignement secon-

daire, parle aussi de son utilité pour les écoles primaires, où
les fils de colons ont besoin d'être initiés au parler des indigènes qui les entourent.

En Algérie comme en Tunisie, cette utilité est indéniable ;
elle n'est d'ailleurs pas méconnue puisque, depuis quelques
années, on crée peu à peu dans les écoles primaires des cours
d'arabe parlé qui sont suivis par de nombreux élèves. La question est de savoir comment et dans quelle mesure doit être fait
cet enseignement à de jeunes enfants qui ne doivent pas pous-
ser au-delà du certificat d'études. En un mot, cette question
implique une méthode claire et sans prétention, destinée à
réduire à leur plus simple expression les difficultés que peut
présenter l'acquisition même rudimentaire d'un idiome dont
le génie est si différent de celui de notre langue.

Pour rédiger une pareille méthode, il fallait une expérience
de l'école primaire renforcée par des principes pédagogiques,
tel qu'on les enseigne dans les Ecoles Normales. C'est ce que
paraissent avoir compris MM. Jacquard et Viala, l'un instituteur et l'autre ancien instituteur (actuellement interprète).
L'*Arabe à l'Ecole primaire*, tel est le titre du manuel que ces
deux auteurs ont publié cette année. Ce qui fait le principal
mérite de ce petit ouvrage, c'est sa disposition qui est ordonnée et sa matière qui est limitée au strict nécessaire. Il est
d'ailleurs inspiré de manuels plus complets, destinés à des
études plus approfondies et ingénieusement conçues.

Ce livre, de plus, répondra certainement à un besoin que
ne prévoyaient peut-être pas ses auteurs. Il constitue, en effet,
pour l'instituteur un excellent mémento fort utile à son enseignement oral : il remplira pour lui l'office du « Livre du
Maître », composé sur toutes sortes de matières et destiné à
guider celui qui le consulte au cours de la marche graduelle
de ses exercices pédagogiques. J'ai remarqué, en le parcourant,
combien il peut suggérer au jeune maître d'idées nouvelles,
de combinaisons personnelles, propres à intéresser ses élèves
et à exciter leur émulation. C'est là, à mon avis, qu'apparaît
le talent de MM. Viala et Jacquard, talent qui résulte certainement de la méthode d'enseignement à laquelle ils ont été
initiés à l'Ecole Normale.

Cela revient à dire qu'un manuel de ce genre composé
exclusivement pour être mis entre les mains des jeunes écoliers
aurait pu être encore plus pratique.

Que doit-on attendre, en effet, de ce traité élémentaire si ce
n'est d'inculquer à ceux qui s'en servent les règles du langage
courant et rien de plus. Pourquoi alors, dans sa composition,
utiliser les caractères arabes, ce qui nécessite l'étude de

l'alphabet, étude longue et pénible pour les enfants, et on sait que les élèves de l'école primaire n'ont pas de temps à perdre, car leur programme est relativement chargé; de plus, ils sont habitués à ce que les livres leur mâchent la besogne dans la plus grande mesure du possible et soient dépouillés de difficultés.

Pour cette catégorie d'étudiants, il est nécessaire que les vocables arabes soient transcrites en caractères français, ainsi que cela a lieu dans les ouvrages de langue kabyle. Les lettres et signes conventionnels supplémentaires, que l'on est obligé d'adopter pour cette transcription s'apprennent en quelques minutes et l'enfant est immédiatement à même de lire dans le petit livre qui lui est confié.

Un officier d'administration dont le nom m'échappe, qui a passé plusieurs années en Tunisie, a publié, il y a deux ou trois ans à Toulouse, une grammaire d'arabe parlé fort complète et très bien ordonnée, où la prononciation était figurée en italique d'après le mode de transcription officiel.

L'auteur et l'éditeur de cet ouvrage n'ont sans doute pas fait ce qu'il fallait pour lui donner une publicité utile, car il est peu connu et beaucoup de gens, à qui il pourrait rendre de grands services, ne se doutent pas de son existence. Ce manuel repose sur ce principe fort rationnel qu'il ne sert à rien aux personnes désirant seulement s'initier aux principes du langage arabe usité dans le nord de l'Afrique, de s'échiner à étudier les formes multiples de l'alphabet arabe : ce qui les amène à épeler péniblement des groupes de caractère qui ne leur donnent même pas la prononciation exacte des mots.

J'ai entendu sur ce sujet la lecture d'un intéressant et judicieux rapport de M. Colin, professeur au Lycée d'Alger, qui préconisait l'emploi des lettres françaises pour représenter les termes de l'idiome arabe parlé. Ce système qui, pour les élèves de l'enseignement secondaire appelés à étudier l'arabe littéral, pourrait avoir peut-être l'inconvénient de charger leur mémoire visuelle de deux formes pour un même mot et de creuser encore plus profonde la ligne de démarcation entre les deux langues — ce système, dis-je, serait excellent, s'il était approprié à l'enseignement primaire et à l'instruction pratique en général.

Si donc MM. Viala et Jacquard sont appelés à faire paraître une nouvelle édition de leur ouvrage (ce que je leur souhaite sincèrement), j'espère qu'ils auront l'heureuse initiative de rompre avec leur tradition et de mettre en vigueur la méthode sur laquelle j'appelle leur attention.

***

L'Auxiliaire de l'Arabisant, par M. SOUALAH

Parmi les manuels didactiques parus en 1903, je remarque encore une intéressante brochure : c'est l'*Auxiliaire de l'Arabisant*, de M. Soualah (Jourdan, 1903.—131 p. in 18). L'auteur qui, dans l'enseignement pratique de l'arabe, a pris à cœur de continuer l'œuvre esquissée par le regretté Belkassem ben Sedira, présente aux étudiants un livre destiné à compléter dans une certaine mesure différents manuels bien connus signés Houdas et Delphin, Machuel, Sedira. Laissant à d'autres les spéculations de pure érudition littéraire ou linguistique, M. Soualah ne veut que mâcher la besogne aux néophytes qui abordent l'étude de l'arabe. Son seul but est de se rendre utile, d'imiter dans son genre les travaux d'Ahn, d'Otto et de Sanderson pour les langues européennes.

L'*Auxiliaire de l'Arabisant* offre un curieux amas de documents, soigneusement classés, choisis dans les productions courantes du style épistolaire et judiciaire, des livres de commerce et des journaux arabes. Les futurs interprètes y trouveront de précieux renseignements, et tous ceux qui ne font de l'arabe qu'une étude essentiellement pratique s'y familiariseront avec les différents textes que l'on peut être appelé à compulser dans le monde des affaires et du commerce musulmans.

Commandes, billets à ordres, lettres privées, reçus de loyer, renseignements politiques, lettres de recommandation etc., rien n'a été oublié. La première partie contient tous ces différents écrits relatifs aux faits de la vie quotidienne. Une large place y a été réservée aux factures commerciales, aux comptes de grand-livre, qui présentent le curieux aspect de ces grimoires où les *moutchous* inscrivent journellement le doit et l'avoir de leur boutique.

Une seconde partie contient une sorte de collection de découpures de journaux arabes. On y rencontre des annonces et réclames, des cours de marchés, des avis au public, des nouvelles à la plume, voire même des faits divers. Le lecteur pourra ainsi prendre contact avec ce style si curieux et si utile à connaître que la Presse moderne arabe a inauguré et adopté aux besoins du progrès. On voit trop souvent des érudits capables de déchiffrer sans difficulté de vieilles poésies antéislamiques, et arrêtés par les nouvelles tournures phraséologiques ou le vocabulaire d'un article de gazette égyptienne. Un manuel paru récemment à Beyrouth, l'*Arabe moderne étudié dans les Journaux et les Pièces officielles*, par M. Washington Serruys, répondait à ce besoin nouveau des études orientales.

Cette partie de l'ouvrage de M. Soualah en sera un utile complément.

L'auteur a ensuite inséré un certain nombre d'actes judiciaires et sous seings-privés qui viendront s'ajouter aux modèles déjà publiés par Machuel, Mouliéras et Zeys.

Dans une quatrième partie figurent des «textes authentiques du Soudan français », qu'on est peut-être un peu surpris de trouver là, puisqu'il s'agit d'un livre destiné aux jeunes gens d'Algérie et de Tunisie. Ils auraient eu sans doute meilleure place dans un manuel spécial réservé uniquement à ceux qui se rendent au Sénégal ou au Soudan. Ceci dit, la critique n'a en soi pas d'autre importance. A côté de cela, il faut louer M. Soualah d'avoir introduit dans son ouvrage un grand nombre de pièces émanant du Maroc. A une époque où tous les yeux des Français coloniaux se tournent vers le Maghreb, il n'est pas sans intérêt de voir de jeunes arabisants s'initier à la langue et au style de nos voisins : moyen de pénétration radical s'il en fût, car la barrière du langage est toujours celle qui a le plus séparé les peuples.

En attendant des œuvres plus spécialement réservées à la langue écrite usuelle et aux dialectes parlés du Maroc, il faut savoir gré à M. Soualah de s'être engagé un des premiers dans la bonne voie et d'avoir servi d'exemple à ses collègues éducateurs de jeunes arabisants. Gagner un peuple par la parole, c'est peut-être une utopie. Mais il n'est pas impossible que, ce moyen aidant, on puisse obtenir le résultat que plusieurs de nos hommes politiques en vue, craignent tant de voir se réaliser par les armes.

L'*Auxiliaire de l'Arabisant* se termine par un lexique arabe-français pour faciliter leur tâche aux étudiants et leur éviter l'achat de dictionnaires variés. Cette œuvre de vulgarisation ne peut qu'être bien accueillie par le public. Son auteur se félicitera certainement de l'avoir conçue et réalisée. Je ne puis que lui souhaiter de nouveaux succès.

***

Le Maroc connu

Les récents évènements du Maroc ont été le prétexte de la publication, dans un grand nombre de revues françaises, d'articles et d'études sur ce pays mal connu encore, qui excite la curiosité des uns et la convoitise des autres. Au milieu de cette éclosion de mémoires d'inégale valeur il convient surtout de signaler l'initiative de la *Revue Générale des Sciences* pures et appliquées qui, au cours des sept premiers numéros de l'année (15 janvier au 15 avril) a publié sur le Maroc une étude d'ensemble remarquable, tant par la netteté de son exposition que par l'actualité de sa documentation. Les trois auteurs qui ont signé les différentes parties de ce travail ne sont d'ailleurs pas des inconnus et ont déjà su se faire apprécier dans le public Nord-Africain comme dans le monde colonial.

Au risque de froisser leur modestie, je nommerai M. Machat, professeur agrégé au Lycée de Bourges; M. Augustin Bernard, chargé du cours de géographie de l'Afrique du Nord à la Sorbonne, et M. Edmond Doutté, chargé de cours à l'Ecole Supérieure des Lettres d'Alger.

Nomb·eux déjà étaient les ouvrages parus sur la géographie physique du Maroc, mais après l'importante et méritoire étude de Schnell sur l'Atlas Marocain précisément traduite par M. Augustin Bernard, les opuscules et monographies traitant de la question s'étaient disséminés dans un certain nombre de publications, et la réunion de ces documents dans une étude générale, analogue à celle de Schnell, semblait nécessaire. L'article de M. J. Machat (*R. G. des Sc.*, 15 janvier), répond à ce besoin et condense dans son ensemble les résultats des différentes explorations scientifiques qui se sont succédées au cours du XIXᵉ siècle et au début du XXᵉ. L'exposé très méthodique est dépouillé de cette aridité qui est trop souvent le propre d'une description de géographie physique. L'intérêt s'y soutient d'un bout à l'autre et les plus réfractaires à de pareilles lectures ont pris connaissance sans fatigue aucune de cet habile résumé où l'auteur a su réunir tout ce qui était essentiel pour une synthèse de ce genre.

Un rapide aperçu des explorations et du progrès des connaissances géographiques, une vue générale du relief du sol et des conditions climatériques, un paragraphe relatif aux cours d'eau et un autre à la nature vivante, telles sont les grandes divisions de ce travail documenté, avec références nombreuses, commenté par d'excellentes cartes schématiques et agrémenté de photographies variées, dont les clichés ont *été pris par M. Doutté lui-même.*

Les deux articles parus dans les numéros suivants sont dûs à l'érudition de M. Augustin Bernard et à son talent consommé de géographe. Ils sont consacrés aux productions naturelles, à l'agriculture, l'industrie et le commerce au Maroc. L'auteur met en lumière les principales ressources minérales et végétales du pays et montre le parti qu'en pourrait tirer un peuple civilisé et laborieux. Il passe en revue les différentes cultures, le jardinage et le mode d'exploitation agricole qui rappellent les procédés sommaires des indigènes d'Algérie. Puis, après avoir donné un aperçu de l'élevage des bestiaux, il envisage l'avenir agricole du Maroc, tout en reconnaissant combien il est malaisé et hasardeux de « tirer l'horoscope » de cette contrée.

En ce qui concerne l'industrie marocaine, l'auteur fait d'abord remarquer, et avec juste raison, qu'elle ne mérite pas de retenir l'attention. Et s'il y consacre quelques colonnes, c'est plutôt en se plaçant à un point de vue descriptif et pittoresque. Sur le terrain économique, la question n'offre pas grand intérêt. Les produits du pays sont rudimentaires et ne suffisent pas à la consommation locale.

Cette constatation est pour M. Augustin Bernard l'occasion d'une étude consciencieuse et détaillée sur le commerce du Maroc. Les transactions entre indigènes et les voies de communication sont traitées sous la rubrique de « Commerce intérieur ». Les Européens fixés au Maroc, le commerce des principales puissances avec ce pays et les échanges qui se produisent par la frontière algérienne, tels sont les différents sujets qui font la matière du « Commerce extérieur ». Le tout se termine par une magistrale conclusion, comme on pouvait s'y attendre de la part de l'ex-directeur de la *Revue des Questions diplomatiques et coloniales*.

Mais le morceau de résistance de cette monographie d'actualité est sans contredit représenté par les quatres numéros suivants de la *Revue des Sciences* où le travail intitulé : « Les Marocains et la Société Marocaine » est dû à M. Edmond Doutté. Ce dernier a personnellement un grand avantage, c'est de pouvoir, dans sa recherche des documents, s'aider du souvenir de choses vues et vécues par lui. Ses voyages au Maghreb, à la suite de missions qui lui avaient été confiées, lui ont permis d'approcher de très près les populations au milieu desquelles il séjournait, d'entrer en rapport avec les différentes classes de la société marocaine, de s'initier à leurs mœurs et à leurs croyances. Les études antérieures que M. Doutté avait faites sur l'Islamisme et sa connaissance de la langue arabe lui ont permis de retirer le plus grand fruit de ses explorations.

Il est en effet bien démontré, et je n'ai pas besoin d'insister sur ce point, que les voyages entrepris dans des pays aussi peu connus n'ont d'utilité que s'ils ont été précédés d'une étude préalable de la langue et des coutumes de la région à parcourir, étude tirée naturellement des renseignements donnés par les voyageurs antérieurs. Trop nombreux sont ceux qui, partis à l'aventure, sont revenus sans résultat appréciable pour la science géographique, ou encore ont été les malheureuses victimes de leur imprudence et de leur inexpérience. M. Doutté s'en est tenu à un champ limité d'observations : une portion du *Blad El Makhzen* où rien n'a échappé à sa louable curiosité. Ce qu'il a vu, il l'a bien vu et il l'expose avec une grande netteté. Les nombreux clichés photographiques qu'il a rapportés de ses excursions suppléent à ce que le texte ne peut dire et soulignent les si intéressantes narrations de l'auteur.

Une première partie de son mémoire résume les origines probables et l'histoire du Maroc. Ce chapitre amène M. Doutté à exposer ses théories personnelles sur la prétendue race berbère et sur le problème des origines, théories qui ne sont peut-être pas partagées par tout le monde, mais qui, en l'état actuel des connaissances sur la question, mettent en lumière et en saillie de fort utiles indications ethnologiques. Il y a là un effort estimable pour sortir des doctrines routinières et je crois que l'auteur est du côté de la vérité. Mais je crois aussi qu'il fera bien de se défier de certains érudits qui, sous le couvert de leurs connaissances authropologiques, émettent sur les origines berbères des conjectures plutôt fantaisistes.

Un sommaire clair et précis de l'histoire du Maroc fait suite à cette délicate introduction. Il suit naturellement l'ordre chronologique et, dans des paragraphes suggestifs, présente au lecteur la période antique, la conquête arabe et les premières dynasties musulmanes, les dominations almoravides et almohades, l'invasion hilalienne du XIᵉ siècle, les Mérinides, l'influence chrétienne au Moyen-âge et enfin la réaction chérifienne au XVIᵉ siècle. Cette partie se termine par une conclusion sur le chérifat actuel.

Puis, c'est une étude sur les mœurs et coutumes où l'auteur a surtout utilisé ses souvenirs et ses notes de voyage : la peinture n'en a que plus d'attrait. M. Doutté fait défiler sous nos yeux les principaux groupes de populations et des scènes de la vie matérielle chez les Marocains. Il décrit ensuite la vie effective et le caractère des indigènes et clôt la liste variée de son énumération colorée par un paragraphe réservé aux maladies, à la médecine et aux remèdes populaires.

La troisième division est consacrée à la religion. L'auteur est là dans son élément, car c'est surtout par ses études sur l'Islam qu'il a acquis une notoriété méritée et qu'il a fait connaître son talent d'observateur dans les années précédentes. Il attire notre attention sur la survivance des cultes primitifs et de la magie dans la religion musulmane au Maroc : c'est d'ailleurs là une remarque qui peut s'appliquer à toute l'Afrique du Nord. Il passe ensuite au *maraboutisme* et réédite, après retouche, un article qu'il a publié il y a trois ans dans la *Revue de l'Histoire des Religions*. Après un aperçu sur les sanctuaires religieux, les fêtes et les rites, vient un essai sur les congrégations et le clergé marocain qui clôt ce chapitre.

La quatrième et dernière section qui traite exclusivement de la Société marocaine n'est pas la moins importante. Comme tout le reste de l'étude en question elle présente d'autant plus d'intérêt qu'elle est émaillée de réflexions personnelles, d'aperçus inédits que l'auteur n'a eu qu'à recueillir dans ses souvenirs de voyages. C'est là, je le répète, le principal mérite de cet exposé et ce qui en constitue l'originalité. Depuis quelques années les ouvrages parus sur le Maroc (à part l'œuvre si spéciale de M. Mouliéras) nous avaient un peu trop habitués à considérer ces livres de vulgarisation comme des compilations plus ou moins ingénieuses, présentées sous des faces diverses, avec des titres *tire-l'œil*, mais n'offrant aux curieux rien de nouveau en la matière. Ce genre de publications n'a d'ailleurs pas cessé d'être en vogue. Il suffit, pour s'en convaincre, de jeter les yeux sur un catalogue bibliographique. Je ne saurais trop répéter que le travail dont j'ai essayé de faire l'analyse, n'a rien de commun avec ces banales spéculations de librairie; il est destiné à être considéré pendant longtemps comme l'étude d'ensemble la meilleure et la plus condensée qui ait été faite sur le Maroc.

Le septième fascicule où M. Doutté résume habilement les caractères généraux de la Société marocaine se divise en quatre parties. Dans un premier paragraphe l'auteur étudie les tribus et leurs éléments constitutifs en les examinant sous leur double aspect de sédentaires ou de nomades, de tribus du *Blad el Makhzen* ou du *Blad es Siba*. Après l'énumération des principaux de ces groupements viennent des détails plus particuliers aux populations berbères du *Blad es Siba* (qui sont encore les moins connues), avec d'heureuses allusions aux coutumes presque identiques de nos Kabyles. Les traits saillants de ces existences semi-barbares sont relevés : les combats fréquents entre fractions voisines, l'*anaïa* et les institutions analogues, l'influence des marabouts et celle moins précise de la *djemâa*. Suit une description de cette assemblée municipale qui caractérise en général toutes les peuplades dites berbères. Le chapitre se clôt par quelques réflexions sur les luttes de *çoff*.

Un second paragraphe est réservé aux villes qui, en général, sont toutes entre les mains du *Makhzen*. Les éléments constitutifs et physiques d'une cité marocaine sont décrits avec soin; les fortifications, une casba, une mosquée, surmontée d'un minaret, quelques souks : voilà ce qui forme une ville. Dé même en France au Moyen-âge, quelques maisons entourées d'un rempart, groupées autour d'un Hôtel-de-Ville et d'un beffroi, constituaient une *commune*. Au Maroc il faut distinguer la *mdina* proprement dite, composée par les quartiers réservés aux musulmans, du *mellah* où doivent se confiner tous les juifs sans exception. Cependant cet usage n'est plus en cours dans certaines localités qui s'européanisent peu à peu. Les monuments qui sont l'objet de quelques ornementations architecturales sont les mosquées, les fontaines et les portes. Il est à remarquer que les édifices publics où opèrent les autorités administratives ou judiciaires ne diffèrent en rien des autres habitations. Particularité à signaler : les quartiers sont séparés les uns des autres par des murs d'enceinte et des portes que l'on ferme chaque soir. De tels usages ne peuvent qu'exagérer l'esprit de caste, si significatif chez les populations nord-africaines.

Suit une description des souks ou marchés de la ville de Fez qui offrent un spectacle encore plus intéressant et plus varié que les souks de Tunis. Mais il faut déplorer aussi la vente des esclaves nègres qui est encore courante à Fez et à Merakech et attire plus de curieux que d'acheteurs devant cet étal de chair vivante. Les Européens sont admis à « voir » ce triste trafic. Ils peuvent également séjourner et habiter dans toutes les villes de la côte depuis Tanger jusqu'à Mogador. Certains de ces petits ports de l'Océan ne sont presque plus musulmans d'aspect. Chacun d'eux d'ailleurs a ses caractères particuliers et distinctifs, quoique au premier abord leur aspect semble uniforme.

Fez, Rabat et Tétouan sont considérées par les Marocains comme leurs villes les plus civilisées, — si civilisation il y a. Fez a naturellement la prééminence. A Rabat les habitants sont généralement polis et accueillent volontiers les Européens. Tétouan offre un curieux mélange de Rifains demi-sauvages et de Maures andalous remplis d'urbanité. Merakech est une ville *chelh'a* c'est-à-dire avant tout berbère et rustique. De Fez, le sanctuaire de Moulaye Edris (le marabout religieux le plus vénéré), se dégage un fanatisme courtois mais entier qui ne laisse pas d'embarrasser ces MM. *les Chiens de Chrétiens* les plus insouciants. La haine sourde et polie n'a jamais été du goût de personne. A Salé, la ville la plus fanatique du Maroc, on est plus franc, on lance des pierres au *Roumi* qui passe. Méquinez qui forme une transition entre Merakech et Fez, a des rues et des carrefours plantés d'arbres. L'alignement n'y est peut-être pas très *administratif*, mais l'intention est louable et appréciée en temps de canicule. De nombreux et originaux détails sur toutes ces cités si curieuses, voilà ce qui caractérise ce second chapitre du travail de M. Ed. Doutté.

Une troisième section est consacrée aux Juifs qui « forment dans la Société marocaine une classe bien tranchée ». Cette délicate question est traitée avec tout le tact voulu et l'auteur, pour prévenir toute interprétation malveillante et pour éviter que l'on se méprenne sur son intention, laisse à d'autres et particulièrement à de Foucauld la description réaliste des vices de cette population. D'ailleurs le tableau qu'il en donne est très suffisant : vie privée, fêtes religieuses, coutumes et vêtements, rien n'est omis. Il y a lieu de tenir compte de la différence de condition entre juifs du *Blad el Makhzen* et juifs du *Blad es Siba*. Ici, en effet, ils sont ravalés au rang d'esclave et ils ne peuvent pénétrer sur certains territoires sans danger de mort.

Enfin la dernière partie de cette étude nous dépeint sous toutes ses faces le *Makhzen*, c'est-à-dire le Gouvernement et l'Administration du Maroc, le *beylik* dirait-on dans nos pays. S'il est un régime administratif qu'aucune nation qui se respecte ne doit envier, c'est bien celui qui relève du Sultan de l'Ouest. Est ce bien un régime, est-ce bien une organisation ? Qui saurait le dire ? Aucune fonction n'a ses pouvoirs fixés, aucun fonctionnaire ne sait exactement quelles sont les limites de ses attributions. Et il va sans dire que les sujets le savent encore bien moins. Il existe une hiérarchie de titres nettement formulée, mais là s'arrête la précision. Pas de distinction entre le Gouvernement et l'Administration. Pas de division du travail ; rien qui rappelle les départements ministériels les plus rudimentaires. Chaque Ministre en faveur tire à lui la couverture, s'occupe des affaires importantes et laisse le menu fretin à ses collègues. Les intrigues de cour, au reste, préoccupent beaucoup plus les hauts fonctionnaires que la bonne marche des affaires.

Le pouvoir absolu dont jouit le Sultan du Maroc est une des principales causes de ces désordres et de ce manque de précision. Puisque l'arbitraire peut trancher n'importe quelle question, il est tout naturel qu'on ne se mette pas martel en tête pour délimiter une fois pour toutes les prérogatives de chaque emploi.

M. Ed. Doutté fait défiler sous nos yeux l'existence quotidienne du Sultan actuel Abd El Aziz, ses occupations et celles de ses collaborateurs, les hauts dignitaires : tels que le grand vizir (*ouzir el adem*), le chambellan (*h'adjeb*), le chef du protocole (*caïd el Mechouar*), etc.

Suit un intéressant aperçu sur l'armée marocaine, les chefs qui la dirigent, les effectifs dont elle se compose ; la curieuse classe des *mohendis*, les attachés militaires étrangers, les rénégats européens y sont signalés tour à tour. Après avoir fait mention du *guich*, formé par les cavaliers du *Makhzen*, l'auteur passe aux Finances, au ministre qui les gère, aux employés qui relèvent de ce ministre. L'organisation théorique est assez judicieuse, mais là comme ailleurs, les différentes attributions se confondent.

L'exercice de la justice, le régime des prisonniers, les *khalifas* du Sultan, l'administration des tribus, tels sont encore les sujets qui sont tour à tour traités avec clarté et concision. Là s'arrête l'énumération des divers éléments qui caractérisent la société marocaine. Tous, ou pour mieux dire tous ceux que l'on connaît, ont été passés en revue. Une fois ce tableau achevé, restait à tirer une conclusion. M. Ed. Doutté s'en est acquitté avec talent. Il a rappelé incidemment ces rapprochements constants qu'il faut faire entre les trois pays qui constituent l'Afrique du Nord lorsqu'on décrit l'un d'eux. Et sans qu'il ait eu besoin d'insister sur l'uniformité géographique du Maghreb, depuis le golfe de Gabès jusqu'à l'Océan, son allusion a été comprise.

Une de ses spirituelles réflexions résume l'histoire du Maroc : « On répète volontiers que c'est un État en décadence, on le « compare à un moribond, on l'appelle un empire qui croule ; « il croule ainsi depuis douze siècles ! »

La vérité est que le Maroc en est encore à la période du Moyen-âge et ce n'est pas l'Islamisme qui pouvait l'en faire sortir. Il se trouve dans la situation où seraient encore l'Algérie et la Tunisie si une nation civilisée n'y était venue semer le progrès. Plus le nombre des années s'accroît, moins le Maroc peut résister à une pareille impulsion. Sera-t-elle directe ou indirecte ? L'avenir nous l'apprendra. En attendant, il était nécessaire d'être renseigné sur le présent. M. Doutté et ses collaborateurs en ont pris l'initiative et ils ont largement suffi à leur tâche.

CH. RENÉ-LECLERC.

TABLE DES MATIÈRES